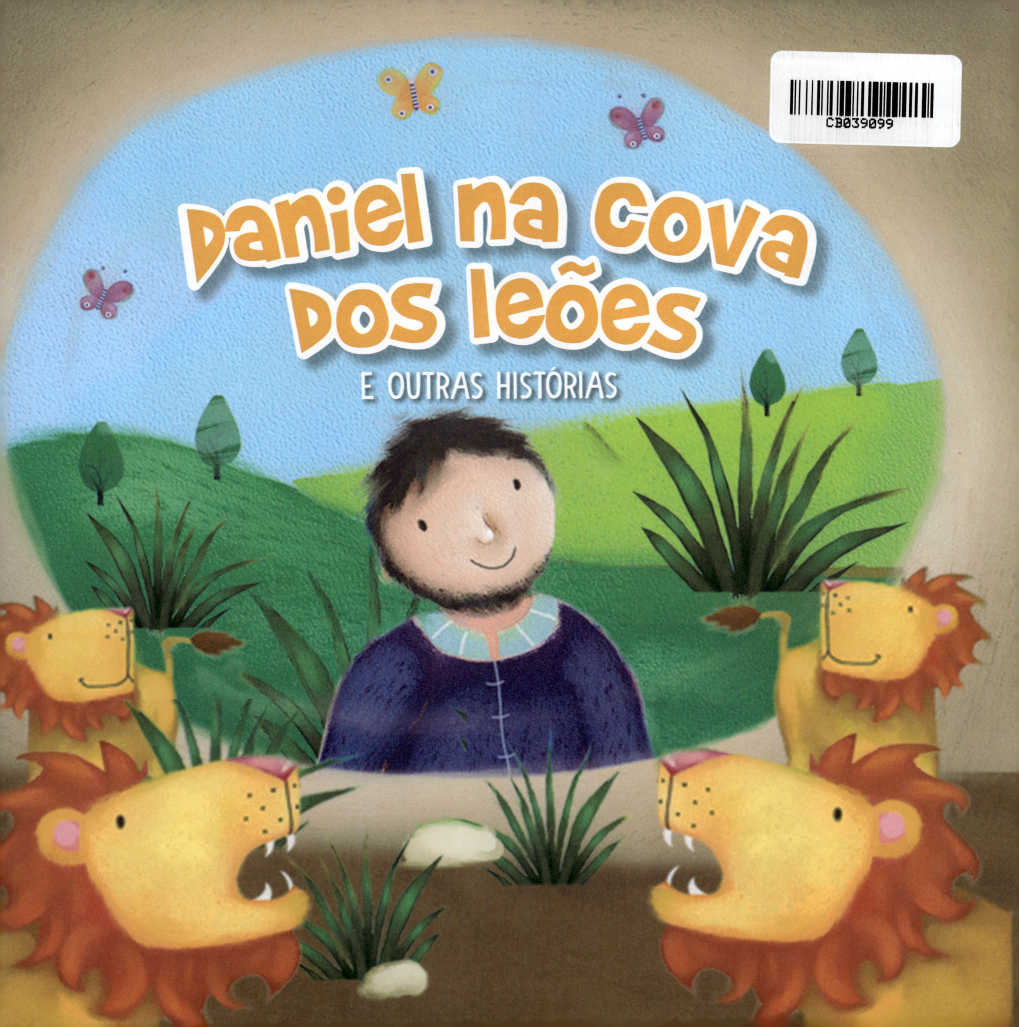

A leitura é um gesto de afeto, que aproxima adultos e crianças. Para que esse momento seja ainda mais divertido, damos algumas dicas:

- Leia a história várias vezes e descubra tudo sobre ela; pense nos personagens e nas imagens que ela traz à sua mente.

- O gestual é muito importante para a história, é a extensão da palavra falada. O corpo deve falar ao mesmo tempo que a voz.

- O tom, o timbre, a amplitude e o ritmo da voz abrem espaço na imaginação do ouvinte. Variar o tom, quebrar o ritmo, dar voz ao silêncio, tudo isso ajuda a dar vida para a narrativa.

- Acredite sempre no que você estiver contando. Se o contador não acredita no que diz, dificilmente seu público vai acreditar.

BOA LEITURA!

A ARCA DE NOÉ

DEUS PEDIU A **NOÉ** QUE CONSTRUÍSSE UMA GRANDE **ARCA**. QUANDO FICOU PRONTA, ENTRARAM NELA UM PAR DE CADA **ANIMAL** QUE HABITAVA A TERRA E A **FAMÍLIA** DE NOÉ. APÓS ISSO, **CHOVEU** POR 40 DIAS E 40 NOITES, E TUDO FICOU **INUNDADO**. QUANDO A CHUVA PAROU E AS ÁGUAS BAIXARAM, TODOS SAÍRAM DA ARCA. NOÉ FICOU MUITO FELIZ E **AGRADECEU** A DEUS.

MOISÉS

A FILHA DO FARAÓ ENCONTROU UM **BEBÊ** EM UM **CESTO** NO RIO E O CHAMOU DE **MOISÉS**. O BEBÊ PERTENCIA AO POVO **HEBREU**, ESCRAVO DO FARAÓ. QUANDO MOISÉS CRESCEU, DEUS LHE PEDIU QUE **LIBERTASSE** DO EGITO OS HEBREUS. ASSIM, MOISÉS GUIOU O POVO HEBREU EM UMA LONGA **VIAGEM** RUMO À TERRA PROMETIDA.

DANIEL NA COVA DOS LEÕES

DANIEL ERA MUITO ABENÇOADO POR DEUS E SE TORNOU UM DOS CONSELHEIROS DO REI. ALGUNS HOMENS NÃO GOSTAVAM DE DANIEL E ARMARAM-LHE UMA CILADA. ASSIM, ELE FOI LANÇADO NA COVA DOS LEÕES. COMO O RAPAZ ERA JUSTO, DEUS MANDOU UM ANJO FECHAR A BOCA DOS ANIMAIS, QUE NÃO FIZERAM MAL ALGUM AO JOVEM.

O PROFETA ELIAS

O PROFETA **ELIAS** ERA UM HOMEM BOM E QUERIDO POR DEUS, MAS HAVIA PESSOAS QUE NÃO GOSTAVAM DELE. POR ISSO, **DEUS** LHE DISSE PARA IR EMBORA DA CIDADE. QUANDO ELIAS SE **ACOMODOU** À BEIRA DE UM RIACHO, DEUS DISSE PARA ALGUNS **CORVOS** LEVAREM **PÃO** E **CARNE** PARA O PROFETA. ASSIM, ELIAS PÔDE SE **ALIMENTAR** POR MUITOS DIAS.

JONAS E O GRANDE PEIXE

Jonas era um profeta, mas desobedeceu à ordem de Deus de ir para **Nínive** e tentou **fugir** de barco. Durante a fuga, foi jogado ao mar e **engolido** por um grande **peixe**. Dentro da barriga do animal, ele se **arrependeu**. Depois de três dias, o peixe lançou Jonas em terra seca. Então, Jonas fez o que **Deus** havia pedido.